Vivien Marie Rudek

NICHT NICHT WIR

Liebeslyrik

Bibliografische Information der Deutschen Nationalbibliothek: Die Deutsche Nationalbibliothek verzeichnet diese Publikation in der Deutschen Nationalbibliografie; detaillierte bibliografische Daten sind im Internet über http://dnb.dnb.de abrufbar.

Die automatisierte Analyse des Werkes, um daraus Informationen insbesondere über Muster, Trends und Korrelationen gemäß §44b UrhG („Text und Data Mining") zu gewinnen, ist untersagt.

Buchdesign: Vivien Marie Rudek
Foto: Vivien Marie Rudek

Verlag: BoD · Books on Demand GmbH, In de Tarpen 42, 22848 Norderstedt, bod@bod.de

Druck: Libri Plureos GmbH, Friedensallee 273, 22763 Hamburg

ISBN: 978-3-7693-5193-4

INHALT

WIR

Nichts und alles

Nichts um uns,
du neben mir
und ich habe alles.

Alles um uns,
du neben mir
und ich brauche nichts.

Schatten an der Wand

Schatten an der Wand.

Habe dich im
anthraziten Lichtkunstwerk
erkannt.

Wie Gedanken, die,
wenn du sie aussprichst,
schon verblassen,

kann ich dich nicht
greifen und mich
doch auf dich verlassen.

Fünf gelbe Tulpen

Du fragst dich, ob du sicher bist.
Ich frage mich dasselbe.
Ich weiß nicht, ob du Tulpen magst
und kaufe dir fünf gelbe.

Weil du mir so am Herzen liegst
– ich präferiere gelbe.
Doch meine Wahl, nicht deine, ist
natürlich nicht dasselbe.

Ich weiß, dass wir verschieden sind,
du brauchst auch nicht dasselbe.
Ich strecke sie dir trotzdem hin
und frage: „Magst du gelbe?"

Sehnsuchtsort

Ich wollte fort,
mein Sehnsuchtsort
hatte mehr
als einen Namen.

Dann bin ich fort
und dort und dort
erkenne ich,
mein Sehnsuchtsort
trägt deinen Namen.

NACHT

Du

Nächte werden uns zu Tagen,
leere Straßen uns vertraut.
Während alle um uns schlafen,
habe ich dich angeschaut
und im Schutzraum später Stunden
schaust auch du mich wärmend an.
Haben in der Nacht gefunden,
was kein Tag uns geben kann.

Wimpernkranz

Lieblich liegen deine Falten
dort unter dem Wimpernkranz.
Während ich dich still betrachte
und auf jede Regung achte,
fühle ich, ich fühle ganz
unbeschwert
will ich erhalten,
was noch niemals Schwere fand.

Alles um den Wimpernkranz
ist vollkommen
ganz und ganz
finden meine Blicke Betten
dort in deinem Wimpernkranz.

Körper

Ich liebe meinen Körper, wenn
dein Körper mich berührt.
Ich könnte formulieren,
was mein Innerstes verspürt
und kann es dann auch nicht
– wie soll ich Zuneigung beschreiben?
Ich liege nackt auf dir und will so
einfach liegen bleiben.

Verbundenheit

Lege deine Hand auf mich.
Bleibe mir verbunden.
Verbundenheit. Verbündet
bin ich tief in uns versunken.
Sicher ohne Sicherheit,
ewig ohne Ewigkeit.
Lege meine Hand auf dich.
Immerwährend. Innigkeit.

Wangenröte

Wangenröte nachts auf meiner
sonst so blassen Haut.
Warm liegt deine auf mir,
deine Anmut so vertraut.

Morgenröte malerisch auf
heller Zimmerwand.
Losgelassen. Alles liegt
in deiner zarten Hand.

Zum Erinnern

Gewickelt in Decken.
Nichts kann uns treffen.
Weich deine Haut,
was du denkst,
der Moment.

Ich halte die Zeit
wie ein Bild
in den Händen,
das, wenn ich erwache,
an meiner Wand
hängt.

ABEND

Grau in Weiß

Leichtigkeit in mir.
Sag, wann dreht sich der Wind?

Grau in Weiß zerrinnt,
zerrinnt, zerrinnt, zerrinnt.

Schiebst mich von dir,
schaust mich an und
willst doch, dass ich bleibe.

Das Grau tut weh,
ist es an mir,
dass ich dir Liebe zeige?

Dazwischen

Du möchtest mich als
auch und dazwischen.
Ich kann bei dir nur
entweder oder.

Silberschön

Meine Blicke folgen dir.
Du glänzt, du ziehst mich an.
Was dein Blick mir sagt, ist mehr,
als ich verstehen kann.

Meine Hände suchen dich,
wenn du ermattet scheinst.
Deine Hände lassen los,
obwohl du das nicht meinst.

Matt und glänzend. Silberschön,
sag mir, wer darf ich sein?
Teilen wir noch mehr als den
vermeintlich hellen Schein?

Nicht

Nicht genug,
zu viel,
nicht gut.

Fühlen, halten,
nicht mehr können,
Dinge nicht beim
Namen nennen.

Sich verlassen,
sich vermissen,
nicht zurück,
nicht weiter wissen.

Licht

Fange Lichtpunkte –
fange sie nicht.
Sage ich liebe –
ich liebe dich nicht.

Stehe in Lichtstrahlen –
stehe dort nicht.
Träume ich bin es –
ich bin es doch nicht.

Auf dem Bordstein

Vor der Bar
drückt der Boden
meine schwarz umhüllten
Knie hoch.
Meine schwarzen Schuhe
sind näher als sonst.
Sehe sie allein.

In der Bar
bunte Hemden,
bunte Lichter.
Dunkelrot sind nur
mein Wein
und die Gedanken
an dich.

Ziehen und Züge

Was zieht an meinem Herzen?
Es passt nicht durch die Rippen.
Du fehlst mir, ich vermisse dich
und drehe mir zwei Kippen.

Beräuchere mein Herz damit,
was alles nur verschlimmert.
Das Ziehen hört nicht auf, wenn
jeder Zug an dich erinnert.

Schwer

Ich trage mich
für mich
und mit mir umher.
Mein Körper ist sperrig und schwer.

Ich bin nicht
zuhause
und will es doch sein.
Bin Leere, bin Sehnsucht, bin dein.

NACHT

Silver future

Silver future.
Golden now?
Vergangenheit bist du.
Ich dachte,
dass wir immer sind,
jetzt nicke ich dir zu,
wenn du mir ein
Getränk hinhältst,
wie du es immer machst,
und dann den Platz
entfernter wählst
und mit den
andren lachst.

Heimweg

Hinter dem Fahrer sitzend
drücke ich einen Handballen
in den falschen Lederbezug,
der sich so gut reinigen lässt.
Die andere Hand greift oben
in den Haltegriff.
Überfordert verfangen sich meine Blicke
in der Kette am Rückspiegel.
Zu viel, was ein Abbild verraten hätte.
Warum spielen sie Sehnsuchtslieder,
wenn der Körper nachts um Ruhe bittet?
Warum drückt es mich so fest in den Sitz,
zu wissen, wo du bist,
nachdem ich mich doch wegfahren ließ?

Zuhause

Dein Blick Vertrautheit
und zuhause
muss ich wieder weinen.

Kein Schlaf, ich tanze
und zuhause
will ich mich verneinen.

Mein Bauch geschwollen
und zuhause
bin ich nur alleine.

Ich bin getrieben,
rastlos, schwach.
Hier bin ich,
bin ich keine?

Die Lunge

Sinne deiner Nähe nach,
verschwende Luft beim Weinen.
Fühle deine Hände noch
auf meinen kalten Beinen.
Höre deinen Schlafatem
nie mehr an meinen Ohren.
Habe die Erinnerung
an deinen Duft verloren.
Sinne deiner Nähe nach,
verklemme Lungenräume.
Hole selten Luft, wenn ich
von deinen Küssen träume.

TAG

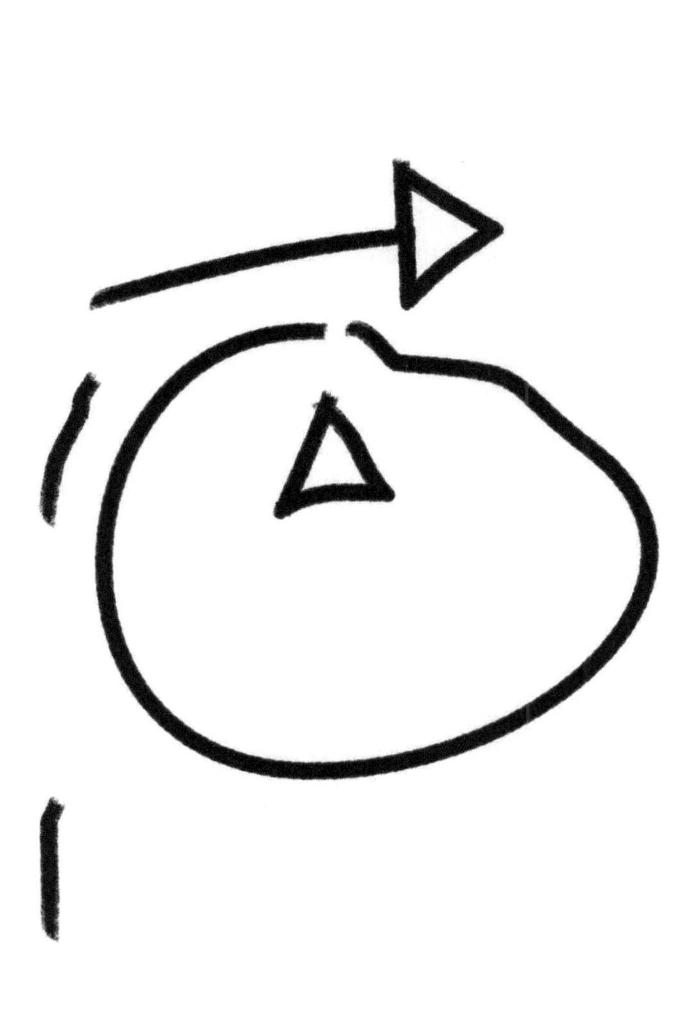

Tropfen

Fangen will ich das,
was nicht gehalten werden kann.
Deine Augen tropfen
und ich fange darin an
zu schwimmen.
Große Kreise. Dauerregen.
Nasse Schuhe.
Komm zu mir nach Hause.
Wechsle deine Kleidung.
Schließe deine Augen.
Lass dich fallen. Ruhe.

Anziehungskraft

Wenn nicht viel passt,
aber durch
Anziehungskraft
nichts zwischen
uns passt,
wie soll ich mich
anders
entscheiden?

Umentschieden

Umentschieden, unentschieden.
Irgendwas ist doch geblieben.
Nicht geschrieben, doch geschrieben.
Irgendwie dann doch geblieben.

Umverlieben, doch am lieben.
Irgendwie bei dir geblieben.
Hochgetrieben, dann geschwiegen.
Irgendwas ist doch geblieben.

Kopfgefühl

Siebzehn Stunden wach,
zwölf bin ich bei dir
in Gedanken
deine Nähe
anschaulich in mir
festgehalten
hast du mich
so oft schon als ich fiel –
fiel ich zu dir
und wegen dir
und auch wenn ich
nicht denken kann,
bist du mein Kopfgefühl.

Nachtfalter

Nachtfalter, zart und ernüchtert vom Leben,
lass mich dich vorsichtig wärmen, dir geben,
was du ersehnst, wenn du in dunklen
Stunden einsam das Licht suchst. Hast du je
gefunden, was du dort siehst, wenn der
Schein nicht vergeht?
Nachtfalter, war es für uns je zu spät?

Nah

Ich bin nicht alles,
ich bin da,
nicht immer klar,
doch ich bin nah
bei dir
und auch
wenn ich
dein unermesslich
weites Wesen
nie gänzlich
umarmen kann,
bin ich doch da.
Wie war, was war?
Im dichten Nebel
bleibe ich,
ich bleibe nah.

In Ruhe

– die Zigaretten
in die Asche legen,

damit die andren
nicht entfachen.
Gebrannt hat,
was gebrannt hat.
Pack in Ruhe
deine Sachen.

– die Hände
in die deine legen,

damit der Schmerz
entfliehen kann.
Beginnen,
was wir werden.
Zünden uns
zwei neue an.

Zugewandt

Ein undefinierbares Unwohlsein,
ein selektives Erkalten.
Zugewandt, nicht überwunden.
Ich möchte
die Nähe zu dir trotzdem halten.

ABEND

Sehen und nicht sehen

Vermisste, was nicht bei mir war.
Ersehnte, was ich dachte.
Du schliefst, als mich das Tageslicht
schon wieder traurig machte.

Zu kontrolliert dein Blick, der jetzt
mein Schlüsselbein verlässt.
Geblendet. Alte Gegenwart.
Was hält mich, hält dich fest?

Monolog

Der Radiomoderatorin steckt ein
Sonnenblumenkern im Hals.
Keine Stimme.

Der Druck in meiner Kehle
größer. Wochen schon zu viel
gesagt, ich kenne dich,
bestimme
dennoch, dass wir reden
müssen
uns doch endlich klären.

Als wären wir nicht klug genug,
als würde ich nichts
wissen.

Werden uns wie immer
trösten, aufschieben und
küssen.

Lange Arme

Du streckst deine Arme aus.
Waren sie immer so lang?

Sag, warum hältst du mich fest,
wenn du mich nicht ganz
halten kannst.

Und umso tiefer wir werden,
desto schwerer wird das Gewicht
und ich lasse mich fallen,
aber du hältst mich ja nicht.

Du streckst deine Arme aus.
Waren sie immer so lang?

Sag, warum hilfst du mir hoch,
wenn es nur tief
gehen kann.

Vorwürfe

Ein Gebilde aus
Unmut und Ängsten,
Erwartungen, Ego, Verdruss
geformt zu
Handlung und Ausspruch
als Antwort auf deinen Entschluss.
Ich werfe es dir in dein Denken
und werfe uns zwei in die Luft.
Ich zweifle, beklage, blockiere
und will, dass du auffangen musst,
was ich nicht bereit bin zu tragen,
was in mir so hart ist wie Stein.
Ich werfe dir vor und bin haltlos
und will doch das Gegenteil sein.

Zerknülltes Papier

Ich will lieber nicht wissen,
was mich zu dem
zerknüllten Papier macht,
das, auch wenn es geöffnet wird,
die aufgerauten Rillen,
ähnlich den Mustern deiner
oder meiner Hände, nicht verliert.

Muss ich?

Muss ich mich
aufschlüsseln,
aufbrechen,
aufspalten?

Muss ich uns
aufbringen,
aufgeben,
aufhalten?

Muss ich
zerdenken,
zerreden,
zerreißen,

um uns zu fühlen,
um uns zu begreifen?

NICHT
WIR

Wildwuchs

Ich lasse dich stehen,
obwohl sich alles in mir krümmt.
Aus dem Ich-kann-nicht-mehr
wuchs ein Ich-will-nicht-mehr
empor. Mit Dornen,
damit deine Umarmung
mich nicht mehr erweicht.
Mein zurechtgemachter Kopf
ist nur für mich zurechtgemacht,
auf dass ich mich im Spiegel
noch ansehen kann.

Ohne ein Wort

Ohne ein Wort.
Erdrückst mich mit Schweigen.
Nimmst uns dich weg.
Willst mir nicht mal zeigen,
was deine Augen
vom Ende still wissen.
Einsamer Abschied.
Wirst du mich vermissen?

Kalt

Grenzen.
Taumle dir entgegen.
Mein erschöpfter
Spielraum kalt.
Winter kriecht in
meine Beine.
Kehre um und
finde Halt
in mir.

Nachtgestalt

Meine Augen dunkle Wolken,
aufgerissen mit Gewalt.
Muss mich mit der Schuld ertragen
ohne Mitleid. Die Gestalt,
die ich abends schlafen lege
waagerecht zur Eingangstür,
muss nicht schlafen. Keine Schritte
führen mich zurück zu dir.

Hitze

Hitze malt die Blätter gelb.
Sehne mich nach Regen.
Wollte dir mein Wort, mein Bett,
mein „guten Morgen" geben.

Kurz erfüllter Sommer und ein
Dasein wie ein Rauschen.
Werde den Erinnerungen
dankbar, traurig lauschen.

Alles und nichts

Aus nichts
wurde alles.

Und alles
wird nichts.

Was wir
sind, sind
wir, wir
sind alles
und nichts.

Vivien Marie Rudek
wurde 1994 geboren und hat sich als
Künstlerin der Lyrik verschrieben.
Neben dem Dichten setzt sie auch
kreative Arbeiten mit Bild-, Video- oder
Musikelementen um.